Vehículos militares con ruedas

Grace Hansen

Abdo
VEHÍCULOS Y AERONAVES
MILITARES
Kids

abdopublishing.com

Published by Abdo Kids, a division of ABDO, PO Box 398166, Minneapolis, Minnesota 55439.

Copyright © 2018 by Abdo Consulting Group, Inc. International copyrights reserved in all countries. No part of this book may be reproduced in any form without written permission from the publisher.

Printed in the United States of America, North Mankato, Minnesota.

052017

092017

Spanish Translator: Maria Puchol

Photo Credits: Images of Freedom, iStock, marines.mil, ©PhotoStock10 p.cover / Shutterstock.com, ©United States Government Work p.5, 17, ©The U.S. Army p.9, 19 / CC-BY-2.0

Production Contributors: Teddy Borth, Jennie Forsberg, Grace Hansen

Design Contributors: Laura Mitchell, Dorothy Toth

Publisher's Cataloging in Publication Data

Names: Hansen, Grace, author.

Title: Vehículos militares con ruedas/ by Grace Hansen.

Other titles: Military wheeled vehicles

Description: Minneapolis, Minnesota : Abdo Kids, 2018. | Series: Vehículos y aeronaves militares | Includes bibliographical references and index.

Identifiers: LCCN 2016963381 | ISBN 9781532102134 (lib. bdg.) | ISBN 9781532102936 (ebook)

Subjects: LCSH: Vehicles, Military--Juvenile literature. | Armored vehicles, Military--Juvenile literature. | Spanish language materials--Juvenile literature.

Classification: DDC 623.7/475--dc23

LC record available at http://lccn.loc.gov/2016963381

Contenido

¡Ruedas!

Los militares usan vehículos con ruedas. Algunos se utilizan para transportar soldados o cargamento ligero. Otros son utilizados en **combate**.

El HMMWV

Los militares han usado el

HMMWV durante años. También

se les conoce como Humvees.

7

Un Humvee sirve para transportar soldados y cargamento. No se creó para **combatir** en primera línea.

Un Humvee es un vehículo ligero. Tiene el chasis elevado y puede conducirse por muchos tipos de **terreno**.

El Cougar

Este vehículo es muy importante para los militares. Ha salvado la vida de muchos soldados.

Un Cougar lleva tropas a lugares seguros cruzando campos de batalla peligrosos. La forma en V de su parte inferior lo protege de las **minas**.

15

El Stryker

El Stryker es un vehículo de

combate de ocho ruedas.

Es mucho más ligero que

otros tanques.

16

2 CAV   AT 13

Un Stryker puede moverse a
60 millas por hora (97 km/h).
Lleva rápidamente soldados
al campo de batalla. Puede
transportar nueve soldados y
dos tripulantes.

El HIMARS

Un **HIMARS** sirve para alcanzar objetivos lejanos. Sus armas están montadas en la parte superior. Lanza cohetes y misiles para apoyar a los soldados en el campo de batalla.

El Cougar 4x4 MRAP de cerca

- Carrocería a prueba de bombas y balas

- 6 Pasajeros: 2 tripulantes 4 soldados

- Chasis en forma de V

- 2 Escotillas (superiores)

- 3 Puertas

- Velocidad máxima:
  65 millas por hora (105 km/h)

- Alcance:
  420 millas por hora (676 km/h)

Glosario

combate – lucha armada contra fuerzas enemigas.

HIMARS – siglas en inglés para High Mobility Artillery Rocket System, sistema de lanzamisiles de gran movilidad.

HMMWV – siglas en inglés para High Mobility Multipurpose Wheeled Vehicle, vehículo multiusos con ruedas de gran movilidad.

mina – artefacto que contiene explosivos.

terreno – parte de tierra con unas características físicas especiales.

23

Índice

abdokids.com

¡Usa este código para entrar en abdokids.com y tener acceso a juegos, arte, videos y mucho más!

Código Abdo Kids:
MMK9374